LE DROIT ET LA LOI

NOTE DE L'ÉDITEUR

La publication intitulée *Actes et Paroles* devait finir par prendre dans l'œuvre de Victor Hugo le développement qui lui appartient. Elle va paraître en trois volumes publiés successivement. Ces trois volumes seront intitulés : *Avant l'exil, Pendant l'exil, Depuis l'exil.* Le premier, *Avant l'exil,* contient, de 1841 à 1851, tous les discours prononcés par M. Victor Hugo, et indique tous les actes qui se rattachent à ces discours. Le second, *Pendant l'exil,* contient tous les discours et tous les actes de M. Victor Hugo, depuis le 2 décembre 1851 qui le fit sortir de France, jusqu'au 4 septembre 1870 qui l'y fit rentrer. Le troisième, *Depuis l'exil,* contient toutes ses paroles et tous ses actes à partir de sa rentrée en France jusqu'à ce jour. Ces trois volumes, pour la première fois coordonnés et publiés de la sorte, donnent entière et complète la vie publique de Victor Hugo.

Ces pages, *le Droit et la Loi,* sont en quelque sorte la préface de cette vie traversée par tant d'événements, et servent d'introduction aux trois volumes, *Avant l'exil, Pendant l'exil, Depuis l'exil.*

VICTOR HUGO

LE DROIT

ET LA LOI

Introduction au livre *Actes et Paroles.*

PARIS

MICHEL LÉVY FRÈRES, ÉDITEURS

RUE AUBER 3, ET BOULEVARD DES ITALIENS, 15

A LA LIBRAIRIE NOUVELLE

1875

Tous droits réservés.

LE DROIT

ET

LA LOI

I

Toute l'éloquence humaine dans toutes les assemblées de tous les peuples et de tous les temps peut se résumer en ceci : la querelle du droit contre la loi.

Cette querelle, et c'est là tout le phénomène du progrès, tend de plus en plus à décroître. Le jour où elle cessera, la civilisation touchera à son apogée, la jonction sera faite entre ce qui doit être et ce qui est, la tribune politique se transformera en tribune scientifique; fin des surprises, fin des calamités et des catastrophes; on aura doublé le cap des tempêtes; il n'y aura pour ainsi dire plus d'événements; la société se développera majestueusement selon la nature; la quantité d'éternité possible à la terre se mêlera aux faits humains et les apaisera.

a

Plus de disputes, plus de fictions, plus de parasitismes; ce sera le règne paisible de l'incontestable; on ne fera plus les lois, on les constatera; les lois seront des axiômes; on ne met pas aux voix deux et deux font quatre; le binôme de Newton ne dépend pas d'une majorité; il y a une géométrie sociale; on sera gouverné par l'évidence; le code sera honnête, direct, clair; ce n'est pas pour rien qu'on appelle la vertu la droiture. Cette rigidité fait partie de la liberté; elle n'exclut en rien l'inspiration; les souffles et les rayons sont rectilignes. L'humanité a deux pôles, le vrai et le beau; elle sera régie, dans l'un par l'exact, dans l'autre par l'idéal. Grâce à l'instruction substituée à la guerre, le suffrage universel arrivera à ce degré de discernement qu'il saura choisir les esprits; on aura pour parlement le concile permanent des intelligences; l'Institut sera le sénat. La Convention, en créant l'Institut, avait la vision, confuse mais profonde, de l'avenir.

Cette société de l'avenir sera superbe et tranquille. Aux batailles succéderont les découvertes; les peuples ne conquerront plus, ils grandiront et s'éclaireront; on ne sera plus des guerriers, on sera des travailleurs; on trouvera, on construira, on inventera; exterminer ne sera plus une gloire. Ce sera le remplacement des tueurs par les créateurs. La civilisation qui était toute d'action sera toute de pensée; la vie publique se composera de l'étude du vrai et de la production du beau ; les chefs-d'œuvre seront les incidents ; on sera plus ému d'une Iliade que d'un Austerlitz. Les frontières s'effaceront sous la lumière des esprits. La Grèce était très-petite ; notre presqu'île du Finistère, superposée à la Grèce, la couvrirait ; la Grèce était immense pourtant, immense par Homère, par Eschyle, par Phidias et par Socrate. Ces quatre hommes sont quatre mondes. La Grèce les eut ; de là sa grandeur. L'envergure d'un peuple se mesure à son rayonnement. La Sibérie, cette géante, est une naine ; la colossale Afrique existe à peine. Une ville, Rome, a été l'égale de l'univers ; qui lui parlait parlait à toute la terre. *Urbi et orbi.*

Cette grandeur, la France l'a, et l'aura de plus en plus. La France a cela d'admirable qu'elle est destinée à mourir ; mais à mourir comme les dieux, par la transfiguration. La France deviendra Europe. Certains peuples finissent par la sublimation comme Hercule ou par l'ascension comme Jésus-Christ. On pourrait dire qu'à un moment donné un peuple entre en constellation ; les autres peuples, astres de deuxième grandeur, se groupent autour de lui, et c'est ainsi qu'Athènes, Rome et Paris sont pléiades. Lois immenses. La Grèce s'est transfigurée, et est devenue le monde païen ; Rome s'est transfigurée, et est devenue le monde chrétien ; la France se transfigurera, et deviendra le monde humain. La révolution de France s'appellera l'évolution des peuples.

Pourquoi? Parce que la France le mérite; parce qu'elle manque d'égoïsme, parce qu'elle ne travaille pas pour elle seule, parce qu'elle est créatrice d'espérances universelles, parce qu'elle représente toute la bonne volonté humaine, parce que là où les autres nations sont seulement des sœurs, elle est mère. Cette maternité de la généreuse France éclate dans tous les phénomènes sociaux de ce temps; les autres peuples lui font ses malheurs, elle leur fait leurs idées. Sa révolution n'est pas locale, elle est générale; elle n'est pas limitée, elle est indéfinie et infinie. La France restaure en toute chose la notion primitive, la notion vraie. Dans la philosophie elle rétablit la logique, dans l'art elle rétablit la nature, dans la loi elle rétablit le droit.

L'œuvre est-elle achevée? Non, certes. On ne fait encore qu'entrevoir la plage lumineuse et lointaine, l'arrivée, l'avenir.

En attendant on lutte.

Lutte laborieuse.

D'un côté l'idéal, de l'autre l'incomplet.

Avant d'aller plus loin, plaçons ici un mot, qui éclaire tout ce que nous allons dire, et qui va même au delà.

La vie et le droit sont le même phénomène. Leur superposition est étroite.

Qu'on jette les yeux sur les êtres créés, la quantité de droit est adéquate à la quantité de vie.

LE DROIT ET LA LOI.   v

De là, la grandeur de toutes les questions qui se
rattachent à cette notion, le Droit.

II

Le droit et la loi, telles sont les deux forces ; de
leur accord naît l'ordre, de leur antagonisme naissent
les catastrophes. Le droit parle et commande du sommet des vérités ; la loi réplique du fond des réalités ;
le droit se meut dans le juste, la loi se meut dans le
possible ; le droit est divin, la loi est terrestre. Ainsi,
la liberté, c'est le droit ; la société, c'est la loi. De là
deux tribunes : l'une où sont les hommes de l'idée,
l'autre où sont les hommes du fait ; l'une qui est
l'absolu, l'autre qui est le relatif. De ces deux tribunes, la première est nécessaire, la seconde est
utile. De l'une à l'autre il y a la fluctuation des
consciences. L'harmonie n'est pas faite encore entre
ces deux puissances, l'une immuable, l'autre variable,
l'une sereine, l'autre passionnée. La loi découle du
droit, mais comme le fleuve découle de la source,
acceptant toutes les torsions et toutes les impuretés
des rives. Souvent la pratique contredit la règle ;
souvent le corollaire trahit le principe ; souvent l'effet
désobéit à la cause ; telle est la fatale condition
humaine. Le droit et la loi contestent sans cesse ; et

de leur débat, fréquemment orageux, sortent, tantôt les ténèbres, tantôt la lumière. Dans le langage parlementaire moderne, on pourrait dire : le droit, chambre haute; la loi, chambre basse.

L'inviolabilité de la vie humaine, la liberté, la paix; rien d'indissoluble, rien d'irrévocable, rien d'irréparable; tel est le droit.

L'échafaud, le glaive et le sceptre, la guerre, toutes les variétés de joug, depuis le mariage sans le divorce dans la famille jusqu'à l'état de siége dans la cité, telle est la loi.

Le droit : aller et venir, acheter, vendre, échanger.

La loi : douane, octroi, frontière.

Le droit : l'instruction gratuite et obligatoire, sans empiètement sur la conscience de l'homme, embryonnaire dans l'enfant, c'est-à-dire l'instruction laïque.

La loi : les ignorantins.

Le droit : la croyance libre.

La loi : les religions d'État.

Le suffrage universel, le jury universel, c'est le droit; le suffrage restreint, le jury trié, c'est la loi.

La chose jugée, c'est la loi; la justice, c'est le droit.

Mesurez l'intervalle.

La loi a la crue, la mobilité, l'envahissement et l'anarchie de l'eau, souvent trouble; mais le droit est insubmersible.

LE DROIT ET LA LOI.

Pour que tout soit sauvé, il suffit que le droit surnage dans une conscience.

On n'engloutit pas Dieu.

La persistance du droit contre l'obstination de la loi; toute l'agitation sociale vient de là.

Le hasard a voulu (mais le hasard existe-t-il?) que les premières paroles politiques de quelque retentissement prononcées à titre officiel par celui qui écrit ces lignes, aient été d'abord, à l'Institut, pour le droit, ensuite, à la chambre des pairs, contre la loi.

Le 2 juin 1841, en prenant séance à l'Académie française, il glorifia la résistance à l'empire; le 12 juin 1847, il demanda à la chambre des pairs [1] la rentrée en France de la famille Bonaparte, bannie.

Ainsi, dans le premier cas, il plaidait pour la liberté, c'est-à-dire pour le droit; et dans le second cas, il élevait la voix contre la proscription, c'est-à-dire contre la loi.

Dès cette époque une des formules de sa vie publique a été : *Pro jure contra legem.*

Sa conscience lui a imposé, dans ses fonctions de législateur, une confrontation permanente et perpétuelle de la loi que les hommes font avec le droit qui fait les hommes.

Obéir à sa conscience est sa règle; règle qui n'admet pas d'exception.

1. Et obtint. Voir page 92 de *Avant l'exil.*

La fidélité a cette règle, c'est là, il l'affirme, ce qu'on trouvera dans ces trois volumes, *Avant l'exil, pendant l'exil, depuis l'exil.*

III

Pour lui, il le déclare, car tout esprit doit loyalement indiquer son point de départ, la plus haute expression du droit, c'est la liberté.

La formule républicaine a su admirablement ce qu'elle disait et ce qu'elle faisait ; la gradation de l'axiome social est irréprochable. Liberté, Égalité, Fraternité. Rien à ajouter, rien à retrancher. Ce sont les trois marches du perron suprême. La liberté, c'est le droit, l'égalité, c'est le fait, la fraternité, c'est le devoir. Tout l'homme est là.

Nous sommes frères par la vie, égaux par la naissance et par la mort, libres par l'âme.

Otez l'âme, plus de liberté.

Le matérialisme est auxiliaire du despotisme.

Remarquons-le en passant, à quelques esprits, dont plusieurs sont même élevés et généreux, le matérialisme fait l'effet d'une libération.

Étrange et triste contradiction, propre à l'intelligence humaine, et qui tient à un vague désir d'élargissement d'horizon. Seulement, parfois, ce qu'on prend pour élargissement, c'est rétrécissement.

Constatons, sans les blâmer, ces aberrations sincères. Lui-même, qui parle ici, n'a-t-il pas été, pendant les quarante premières années de sa vie, en proie à une de ces redoutables luttes d'idées qui ont pour dénouement, tantôt l'ascension, tantôt la chute ?

Il a essayé de monter. S'il a un mérite, c'est celui-là.

De là les épreuves de sa vie. En toute chose, la descente est douce et la montée est dure. Il est plus aisé d'être Siéyès que Condorcet. La honte est facile, ce qui la rend agréable à de certaines âmes.

N'être pas de ces âmes-là, voilà l'unique ambition de celui qui écrit ces pages.

Puisqu'il est amené à parler de la sorte, il convient peut-être qu'avec la sobriété nécessaire il dise un mot de cette partie du passé à laquelle a été mêlée la jeunesse de ceux qui sont vieux aujourd'hui. Un souvenir peut être un éclaircissement. Quelquefois l'homme qu'on est s'explique par l'enfant qu'on a été.

IV

Au commencement de ce siècle, un enfant habitait, dans le quartier le plus désert de Paris, une grande maison qu'entourait et qu'isolait un grand jardin. Cette maison s'était appelée, avant la révolution, le couvent des Feuillantines. Cet enfant vivait là seul, avec sa mère et ses deux frères et un vieux prêtre, ancien oratorien, encore tout tremblant de 93, digne vieillard persécuté jadis et indulgent maintenant, qui était leur clément précepteur, et qui leur enseignait beaucoup de latin, un peu de grec et pas du tout d'histoire. Au fond du jardin, il y avait de très-grands arbres qui cachaient une ancienne chapelle à demi ruinée. Il était défendu aux enfants d'aller jusqu'à cette chapelle. Aujourd'hui ces arbres, cette chapelle et cette maison ont disparu. Les embellissements qui ont sévi sur le jardin du Luxembourg se sont prolongés jusqu'au Val-de-Grâce et ont détruit cette humble oasis. Une grande rue assez inutile passe là. Il ne reste plus des Feuillantines qu'un peu d'herbe et un pan de mur décrépit encore visible entre deux hautes bâtisses neuves ; mais cela ne vaut plus la peine d'être regardé, si ce n'est par l'œil profond du souvenir. En janvier 1871, une bombe prussienne a choisi ce coin de terre pour y tomber, continuation des embellissements, et M. de Bismark a achevé ce qu'avait commencé M. Haussmann. C'est dans cette maison que grandissaient sous le premier empire les trois jeunes frères. Ils jouaient et travaillaient ensemble, ébauchant la vie, ignorant la destinée, enfances mêlées au printemps, attentifs aux livres, aux arbres, aux nuages, écoutant le vague et tumultueux conseil des oiseaux, surveillés par un doux sourire. Sois bénie, ô ma mère !

On voyait sur les murs, parmi les espaliers vermoulus et décloués, des vestiges de reposoirs, des niches de madones, des restes de croix, et çà et là cette inscription : *Propriété nationale.*

Le digne prêtre précepteur s'appelait l'abbé de la Rivière. Que son nom soit prononcé ici avec respect.

Avoir été enseigné dans sa première enfance par un prêtre est un fait dont on ne doit parler qu'avec calme et douceur ; ce n'est ni la faute du prêtre ni la vôtre. C'est, dans des conditions que ni l'enfant ni le prêtre n'ont choisies, une rencontre malsaine de deux intelligences, l'une petite, l'autre rapetissée, l'une qui grandit, l'autre qui vieillit. La sénilité se gagne. Une âme d'enfant peut se rider de toutes les erreurs d'un vieillard.

En dehors de la religion, qui est une, toutes les religions sont des à-peu-près ; chaque religion a son prêtre qui enseigne à l'enfant son à-peu-près. Toutes les religions, diverses en apparence, ont une identité vénérable ; elles sont terrestres par la surface, qui est le dogme, et célestes par le fond, qui est Dieu. De là, devant les religions, la grave rêverie du philosophe qui, sous leur chimère, aperçoit leur réalité. Cette chimère, qu'elles appellent articles de foi et mystères, les religions la mêlent à Dieu, et l'enseignent. Peuvent-elles faire autrement? l'enseignement de la mosquée et de la synagogue est étrange; mais c'est innocemment qu'il est funeste; le prêtre, nous parlons du prêtre convaincu, n'en est pas coupable; il est à peine responsable; il a été lui-même anciennement le patient de cet enseignement dont il est aujourd'hui l'opérateur; devenu maître, il est resté esclave. De là ses leçons redoutables. Quoi de plus terrible que le mensonge sincère? le prêtre enseigne le faux, ignorant le vrai; il croit bien faire.

Cet enseignement a cela de lugubre que tout ce qu'il fait pour l'enfant est fait contre l'enfant; il donne lentement on ne sait quelle courbure à l'esprit; c'est de l'orthopédie en sens inverse; il fait torse ce que la nature a fait droit; il lui arrive, affreux chefs-d'œuvre, de fabriquer des âmes difformes, ainsi Torquemada; il produit des intelligences inintelligentes, ainsi Joseph de Maistre; ainsi tant d'autres, qui ont été les victimes de cet enseignement avant d'en être les bourreaux.

Étroite et obscure éducation de caste et de clergé qui a pesé sur nos pères et qui menace encore nos fils!

Cet enseignement inocule aux jeunes intelligences la vieillesse des préjugés; il ôte à l'enfant l'aube et lui donne la nuit, et il aboutit à une telle plénitude du passé que l'âme y est comme noyée, y

LE DROIT ET LA LOI. XIII

devient on ne sait quelle éponge de ténèbres, et ne peut plus admettre l'avenir.

Se tirer de l'éducation qu'on a reçue, ce n'est pas aisé. Pourtant l'instruction cléricale n'est pas toujours irrémédiable. Preuve, Voltaire.

Les trois écoliers des Feuillantines étaient soumis à ce périlleux enseignement, tempéré, il est vrai, par la tendre et haute raison d'une femme ; leur mère.

Le plus jeune des trois frères, quoiqu'on lui fît dès lors épeler Virgile, était encore tout à fait un enfant.

Cette maison des Feuillantines est aujourd'hui son cher et religieux souvenir. Elle lui apparaît couverte d'une sorte d'ombre sauvage. C'est là qu'au milieu des rayons et des roses se faisait en lui la mystérieuse ouverture de l'esprit. Rien de plus tranquille que cette haute masure fleurie, jadis couvent, maintenant solitude, toujours asile. Le tumulte impérial y retentissait pourtant. Par intervalles, dans ces vastes chambres d'abbaye, dans ces décombres de monastère, sous ces voûtes de cloître démantelé, l'enfant voyait aller et venir, entre deux guerres dont il entendait le bruit, revenant de l'armée et repartant pour l'armée, un jeune général qui était son père et un jeune colonel qui était son oncle ; ce charmant fracas paternel l'éblouissait un moment; puis, à un coup de clairon, ces visions de plumets et de sabres s'évanouissaient, et tout redevenait paix et silence dans cette ruine où il y avait une aurore.

Ainsi vivait, déjà sérieux, il y a soixante ans, cet enfant, qui était moi.

Je me rappelle toutes ces choses, ému.

C'était le temps d'Eylau, d'Ulm, d'Auerstadt et de Friedland, de l'Elbe forcé, de Spandau, d'Erfurt et de Salzbourg enlevés, des cinquante et un jours de tranchée de Dantzick, des neuf cents bouches à feu vomissant cette victoire énorme, Wagram; c'était le temps des empereurs sur le Niemen, et du czar saluant le césar; c'était le temps où il y avait un département du Tibre, Paris chef-lieu de Rome; c'était l'époque du pape détruit au Vatican, de l'inquisition détruite en Espagne, du moyen âge détruit dans l'agrégation germanique, des sergents faits princes, des postillons faits rois, des archiduchesses épousant des aventuriers; c'était l'heure extraordinaire; à Austerlitz la Russie demandait grâce, à Iéna la Prusse s'écroulait, à Essling l'Autriche s'agenouillait, la confédération du Rhin annexait l'Allemagne à la France, le décret de Berlin, formidable, faisait presque succéder à la déroute de la Prusse la faillite de l'Angleterre, la fortune à Potsdam livrait l'épée de Frédéric à Napoléon qui dédaignait de la prendre, disant : « *j'ai la mienne.* » Moi, j'ignorais tout cela, j'étais petit.

LE DROIT ET LA LOI.

Je vivais dans les fleurs.

Je vivais dans ce jardin des Feuillantines, j'y rôdais comme un enfant, j'y errais comme un homme, j'y regardais le vol des papillons et des abeilles, j'y cueillais des boutons d'or et des liserons, et je n'y voyais jamais personne que ma mère, mes deux frères, et le bon vieux prêtre, son livre sous le bras.

Parfois, malgré la défense, je m'aventurais jusqu'au hallier farouche du fond du jardin ; rien n'y remuait que le vent, rien n'y parlait que les nids, rien n'y vivait que les arbres ; et je considérais à travers les branches la vieille chapelle dont les vitres défoncées laissaient voir la muraille intérieure bizarrement incrustée de coquillages marins. Les oiseaux entraient et sortaient par les fenêtres. Ils étaient là chez eux. Dieu et les oiseaux, cela va ensemble.

Un soir, ce devait être vers 1809, mon père était en Espagne, quelques visiteurs étaient venus voir ma mère, événement rare aux Feuillantines. On se promenait dans le jardin ; mes frères étaient restés à l'écart. Ces visiteurs étaient trois camarades de mon père ; ils venaient apporter ou demander de ses nouvelles ; ces hommes étaient de haute taille ; je les suivais ; j'ai toujours aimé la compagnie des grands ; c'est ce qui, plus tard, m'a rendu facile un long tête-à-tête avec l'Océan.

LE DROIT ET LA LOI.

Ma mère les écoutait parler, je marchais derrière ma mère.

Il y avait fête ce jour-là, une de ces vastes fêtes du premier empire; quelle fête? je l'ignorais. Je l'ignore encore. C'était un soir d'été; la nuit tombait, splendide. Canon des Invalides, feu d'artifice, lampions; une rumeur de triomphe arrivait jusqu'à notre solitude; la grande ville célébrait la grande armée et le grand chef; la cité avait une auréole, comme si les victoires étaient une aurore; le ciel bleu devenait lentement rouge; la fête impériale se réverbérait jusqu'au zénith; des deux dômes qui dominaient le jardin des Feuillantines, l'un, tout près, le Val-de-Grâce, masse noire, dressait une flamme à son sommet, et semblait une tiare qui s'achève en escarboucle, l'autre, lointain, le Panthéon, gigantesque et spectral, avait autour de sa rondeur un cercle d'étoiles, comme si, pour fêter un génie, il se faisait une couronne des âmes de tous les grands hommes auxquels il est dédié.

La clarté de la fête, clarté superbe, vermeille, vaguement sanglante, était telle qu'il faisait presque grand jour dans le jardin.

Tout en se promenant, le groupe qui marchait devant moi était parvenu, peut-être un peu malgré ma mère, qui avait des velléités de s'arrêter et qui semblait ne vouloir pas aller si loin, jusqu'au massif d'arbres où était la chapelle.

LE DROIT ET LA LOI.

Ils causaient, les arbres étaient silencieux, au loin le canon de la solennité tirait de quart d'heure en quart d'heure. Ce que je vais dire est pour moi inoubliable.

Comme ils allaient entrer sous les arbres, un des trois interlocuteurs s'arrêta, et, regardant le ciel nocturne plein de lumière, s'écria :

— N'importe ! cet homme est grand.

Une voix sortit de l'ombre et dit :

— Bonjour, Lucotte[1], bonjour, Drouet[2], bonjour, Tilly[3].

Et un homme, de haute stature aussi lui, apparut dans le clair-obscur des arbres.

Les trois causeurs levèrent la tête.

— Tiens! s'écria l'un d'eux.

Et il parut prêt à prononcer un nom.

Ma mère, pâle, mit un doigt sur sa bouche.

Ils se turent.

Je regardais, étonné.

L'apparition, c'en était une pour moi, reprit :

— Lucotte, c'est toi qui parlais.

— Oui, dit Lucotte.

— Tu disais : cet homme est grand.

— Oui.

— Eh bien, quelqu'un est plus grand que Napoléon.

---

1. Depuis comte de Sopetran.
2. Depuis comte d'Erlon.
3. Depuis gouverneur de Ségovie.

XVIII   LE DROIT ET LA LOI.

— Qui?

— Bonaparte.

Il y eut un silence. Lucotte le rompit.

— Après Marengo?

L'inconnu répondit :

— Avant Brumaire.

Le général Lucotte, qui était jeune, riche, beau, heureux, tendit la main à l'inconnu et dit :

— Toi, ici! je te croyais en Angleterre.

L'inconnu, dont je remarquais la face sévère, l'œil profond et les cheveux grisonnants, repartit :

— Brumaire, c'est la chute.

— De la République, oui.

— Non, de Bonaparte.

Ce mot, Bonaparte, m'étonnait beaucoup. J'entendais toujours dire « l'empereur. » Depuis, j'ai compris ces familiarités hautaines de la vérité. Ce jour-là, j'entendais pour la première fois le grand tutoiement de l'histoire.

Les trois hommes, c'étaient trois généraux, écoutaient, stupéfaits et sérieux.

Lucotte s'écria :

— Tu as raison. Pour effacer Brumaire, je ferais tous les sacrifices. La France grande, c'est bien; la France libre, c'est mieux.

— La France n'est pas grande si elle n'est pas libre.

— C'est encore vrai. Pour revoir la France libre, je donnerais ma fortune. Et toi?

LE DROIT ET LA LOI.   XIX

— Ma vie, dit l'inconnu.

Il y eut encore un silence. On entendait le grand bruit de Paris joyeux; les arbres étaient roses; le reflet de la fête éclairait les visages de ces hommes; les constellations s'effaçaient au-dessus de nos têtes dans le flamboiement de Paris illuminé; la lueur de Napoléon semblait remplir le ciel.

Tout à coup l'homme si brusquement apparu se tourna vers moi qui avais peur et me cachais un peu, me regarda fixement, et me dit :

— Enfant, souviens-toi de ceci : avant tout, la liberté.

Et il posa sa main sur ma petite épaule, tressaillement que je garde encore.

Puis il répéta :

— Avant tout la liberté.

Et il rentra sous les arbres, d'où il venait de sortir.

Qui était cet homme?

Un proscrit.

Victor Fanneau de Lahorie était un gentilhomme breton rallié à la république. Il était l'ami de Moreau, Breton aussi. En Vendée, Lahorie connut mon père, plus jeune que lui de vingt-cinq ans. Plus tard, il fut son ancien à l'armée du Rhin; il se noua entre eux une de ces fraternités d'armes qui font qu'on donne sa vie l'un pour l'autre. En 1801 Lahorie fut impliqué dans la conspiration de Moreau contre Bonaparte. Il fut proscrit ; sa tête fut mise à prix ; il n'avait pas d'asile ; mon père lui ouvrit sa maison ; la vieille chapelle des Feuillantines, ruine, était bonne à protéger cette autre ruine, un vaincu. Lahorie accepta l'asile comme il l'eût offert, simplement ; et il vécut dans cette ombre, caché.

Mon père et ma mère seuls savaient qu'il était là.

Le jour où il parla aux trois généraux, peut-être fit-il une imprudence.

Son apparition nous surprit fort, nous les enfants. Quant au vieux prêtre, il avait eu dans sa vie une quantité de proscription suffisante pour lui ôter l'étonnement. Quelqu'un qui était caché, c'était pour ce bonhomme quelqu'un qui savait à quel temps il avait affaire ; se cacher, c'était comprendre.

Ma mère nous recommanda le silence, que les enfants gardent si religieusement. A dater de ce jour, cet inconnu cessa d'être mystérieux dans la maison. A quoi bon la continuation du mystère, puisqu'il s'était montré ? Il mangeait à la table de famille, il allait et venait dans le jardin, et donnait çà et là des coups de bêche, côte à côte avec le jardinier ; il nous conseillait ; il ajoutait ses leçons aux leçons du prêtre ; il avait une façon de me prendre dans ses bras qui me faisait rire et qui me faisait peur ; il m'élevait en l'air, et me laissait presque retomber jusqu'à terre. Une certaine sécurité, habituelle à tous les exils prolongés, lui était venue.

Pourtant il ne sortait jamais. Il était gai. Ma mère était un peu inquiète, bien que nous fussions entourés de fidélités absolues.

Lahorie était un homme simple, doux, austère, vieilli avant l'âge, savant, ayant le grave héroïsme propre aux lettrés. Une certaine concision dans le courage distingue l'homme qui remplit un devoir de l'homme qui joue un rôle; le premier est Phocion, le second est Murat. Il y avait du Phocion dans Lahorie.

Nous les enfants, nous ne savions rien de lui, sinon qu'il était mon parrain. Il m'avait vu naître; il avait dit à mon père : *Hugo est un mot du nord, il faut l'adoucir par un mot du midi, et compléter le germain par le romain.* Et il me donna le nom de Victor, qui du reste était le sien. Quant à son nom historique, je l'ignorais. Ma mère lui disait *général,* je l'appelais *mon parrain.* Il habitait toujours la masure du fond du jardin, peu soucieux de la pluie et de la neige qui, l'hiver, entraient par les croisées sans vitres; il continuait dans cette chapelle son bivouac. Il avait derrière l'autel un lit de camp, avec ses pistolets dans un coin, et un Tacite qu'il me faisait expliquer.

J'aurai toujours présent à la mémoire le jour où il me prit sur ses genoux, ouvrit ce Tacite qu'il avait, un in-octavo relié en parchemin, édition Herhan, et me lut cette ligne : *Urbem Romam a principio reges habuere.*

LE DROIT ET LA LOI.

Il s'interrompit et murmura à demi-voix :

— Si Rome eût gardé ses rois, elle n'eût pas été Rome.

Et, me regardant tendrement, il redit cette grande parole :

— Enfant, avant tout la liberté.

Un jour il disparut de la maison. J'ignorais alors pourquoi[1]. Des événements survinrent; il y eut Moscou, la Bérésina, un commencement d'ombre terrible. Nous allâmes rejoindre mon père en Espagne. Puis nous revînmes aux Feuillantines. Un soir d'octobre 1812, je passais, donnant la main à ma mère, devant l'église Saint-Jacques-du-Haut-Pas. Une grande affiche blanche était placardée sur une des colonnes du portail; celle de droite; je vais quelquefois revoir cette colonne. Les passants regardaient obliquement cette affiche, semblaient en avoir un peu peur, et, après l'avoir entrevue, doublaient le pas. Ma mère s'arrêta, et me dit : « Lis. » Je lus. Je lus ceci : « — Empire français. — Par sentence du premier conseil de guerre, ont été fusillés en plaine de Grenelle, pour crime de conspiration contre l'empire et l'empereur, les trois ex-généraux Malet, Guidal et Lahorie. »

— Lahorie, me dit ma mère. Retiens ce nom.

Et elle ajouta :

— C'est ton parrain.

1. Voir le livre : *Victor Hugo raconté par un témoin de sa vie.*

V

Tel est le fantôme que j'aperçois dans les profondeurs de mon enfance.

Cette figure est une de celles qui n'ont jamais disparu de mon horizon.

Le temps, loin de la diminuer, l'a accrue.

En s'éloignant, elle s'est augmentée, d'autant plus haute qu'elle était plus lointaine, ce qui n'est propre qu'aux grandeurs morales.

L'influence sur moi a été ineffaçable.

Ce n'est pas vainement que j'ai eu, tout petit, de l'ombre de proscrit sur ma tête, et que j'ai entendu la voix de celui qui devait mourir dire ce mot du droit et du devoir : Liberté.

Un mot a été le contre-poids de toute une éducation.

L'homme qui publie aujourd'hui ce recueil, *Actes et Paroles*, et qui dans ces volumes, *Avant l'exil, pendant l'exil, depuis l'exil,* ouvre à deux battants sa vie à ses contemporains, cet homme a traversé beaucoup d'erreurs. Il compte, si Dieu lui en accorde le temps, en raconter les péripéties sous ce titre : *Histoire des révolutions intérieures d'une conscience honnête.* Tout homme peut, s'il est sincère, refaire l'itinéraire, variable pour chaque esprit, du chemin de Damas. Lui, comme il l'a dit quelque part, il est fils d'une Vendéenne, amie de madame de La Rochejaquelein, et d'un soldat de la révolution et de l'empire, ami de Desaix, de Jourdan et de Joseph Bonaparte; il a subi les conséquences d'une éducation solitaire et complexe où un proscrit républicain donnait la réplique à un proscrit prêtre. Il y a toujours eu en lui le patriote sous le vendéen; il a été napoléonien en 1813, bourbonnien en 1814; comme presque tous les hommes du commencement de ce siècle, il a été tout ce qu'a été le siècle; illogique et probe, légitimiste et voltairien, chrétien littéraire, bonapartiste libéral, socialiste à tâtons dans la royauté; nuances bizarrement réelles, surprenantes aujourd'hui; il a été de bonne foi toujours; il a eu pour effort de rectifier son rayon visuel au milieu de tous ces mirages; toutes les approximations possibles du vrai ont tenté tour à tour et quelquefois trompé son esprit; ces aberrations successives, où, disons-le, il n'y a jamais eu un pas en arrière, ont laissé trace dans ses œuvres; on peut en constater çà et là l'influence; mais, il le déclare ici, jamais, dans tout ce qu'il a écrit, même dans ses livres d'enfant et d'adolescent, jamais on ne trouvera une ligne contre la liberté. Il y a eu lutte dans son âme entre la royauté que lui avait imposée le prêtre catholique et la liberté que lui avait recommandée le soldat républicain ; la liberté a vaincu.

Là est l'unité de sa vie.

Il cherche à faire en tout prévaloir la liberté.
La liberté, c'est, dans la philosophie, la Raison,
dans l'art, l'Inspiration, dans la politique, le Droit.

VI

En 1848, son parti n'était pas pris sur la forme
sociale définitive. Chose singulière, on pourrait
presque dire qu'à cette époque la liberté lui masqua
la république. Sortant d'une série de monarchies
essayées et mises au rebut tour à tour, monarchie impériale, monarchie légitime, monarchie constitution-
nelle, jeté dans des faits inattendus qui lui semblaient
illogiques, obligé de constater à la fois dans les chefs
guerriers qui dirigeaient l'État l'honnêteté et l'arbi-
traire, ayant malgré lui sa part de l'immense dictature
anonyme qui est le danger des assemblées uniques,
il se décida à observer, sans adhésion, ce gouvernement militaire où il ne pouvait reconnaître un
gouvernement démocratique, se borna à protéger les
principes quand ils lui parurent menacés et se
retrancha dans la défense du droit méconnu. En
1848, il y eut presque un dix-huit fructidor; les dix-
huit fructidor ont cela de funeste qu'ils donnent le
modèle et le prétexte aux dix-huit brumaire, et qu'ils
font faire par la république des blessures à la liberté;

ce qui, prolongé, serait un suicide. L'insurrection
de juin fut fatale, fatale par ceux qui l'allumèrent,
fatale par ceux qui l'éteignirent ; il la combattit ; il
fut un des soixante représentants envoyés par l'assemblée aux barricades. Mais, après la victoire, il
dut se séparer des vainqueurs. Vaincre, puis tendre
la main aux vaincus ; telle est la loi de sa vie. On
fit le contraire. Il y a bien vaincre et mal vaincre.
L'insurrection de 1848 fut mal vaincue. Au lieu de
pacifier, on envenima ; au lieu de relever, on fou-
droya ; on acheva l'écrasement ; toute la violence
soldatesque se déploya ; Cayenne, Lambessa, dépor-
tations sans jugement ; il s'indigna ; il prit fait et
cause pour les accablés ; il éleva la voix pour toutes
ces pauvres familles désespérées ; il repoussa cette
fausse république de conseils de guerre et d'état de
siége. Un jour, à l'Assemblée, le représentant Lagrange, homme vaillant, l'aborda et lui dit : « Avec
qui êtes-vous ici? » il répondit : « Avec la liberté. »
« Et que faites-vous? » reprit Lagrange, il répondit : « J'attends. »

Après juin 1848, il attendait ; mais, après juin
1849, il n'attendit plus.

L'éclair qui jaillit des événements lui entra dans
l'esprit. Ce genre d'éclair, une fois qu'il a brillé, ne
s'efface pas. Un éclair qui reste, c'est là la lumière
du vrai dans la conscience.

En 1849, cette clarté définitive se fit en lui.

LE DROIT ET LA LOI. XXVII

Quand il vit Rome terrassée au nom de la France, quand il vit la majorité, jusqu'alors hypocrite, jeter tout à coup le masque par la bouche duquel, le 4 mai 1848, elle avait dix-sept fois crié : Vive la république! quand il vit, après le 13 juin, le triomphe de toutes les coalitions ennemies du progrès, quand il vit cette joie cynique, il fut triste, il comprit ; et, au moment où toutes les mains des vainqueurs se tendaient vers lui pour l'attirer dans leurs rangs, il sentit dans le fond de son âme qu'il était un vaincu. Une morte était à terre; on criait : c'est la république! il alla à cette morte, et reconnut que c'était la liberté. Alors il se pencha vers ce cadavre, et il l'épousa. Il vit devant lui la chute, la défaite, la ruine, l'affront, la proscription, et il dit : C'est bien.

Tout de suite, le 15 juin, il monta à la tribune, et il protesta. A partir de ce jour, la jonction fut faite dans son âme entre la république et la liberté. A partir de ce jour, sans trêve, sans relâche, presque sans reprise d'haleine, opiniâtrément, pied à pied, il lutta pour ces deux grandes calomniées. Enfin, le 2 décembre 1851, ce qu'il attendait, il l'eut; vingt ans d'exil.

Telle est l'histoire de ce qu'on a appelé son apostasie.

VII

1849. Grande date pour lui.

Alors commencèrent les luttes tragiques.

Il y eut de mémorables orages; l'avenir attaquait, le passé résistait.

A cette étrange époque le passé était tout-puissant. 'Il était omnipotent, ce qui ne l'empêchait pas d'être mort. Effrayant fantôme combattant.

Toutes les questions se présentèrent : indépendance nationale, liberté individuelle, liberté de conscience, liberté de pensée, liberté de parole, liberté de tribune et de presse, question du mariage dans la femme, question de l'éducation dans l'enfant, droit au travail à propos du salaire, droit à la patrie à propos de la déportation, droit à la vie à propos de la réforme du code, pénalité décroissante par l'éducation croissante, séparation de l'Église et de l'État, la propriété des monuments, églises, musées, palais, dits royaux, rendue à la nation ; la magistrature restreinte, le jury augmenté ; l'armée européenne licenciée par la fédération continentale ; l'impôt de l'argent diminué, l'impôt du sang aboli ; les soldats retirés au champ de bataille et restitués au sillon comme travailleurs ; les douanes supprimées, les frontières effacées, les isthmes coupés, toutes les

ligatures disparues, aucune entrave à aucun progrès ; les idées circulant dans la civilisation comme
le sang dans l'homme. Tout cela fut débattu, pro-
posé, imposé parfois. On trouvera ces luttes dans ce
livre.

L'homme qui esquisse en ce moment sa vie parlementaire, entendant un jour les membres de la
droite exagérer le droit du père, leur jeta ce mot inattendu : *le droit de l'enfant.* Un autre jour, sans cesse
préoccupé du peuple et du pauvre, il les stupéfia par
cette affirmation : *On peut détruire la misère.*

C'est une vie violente que celle des orateurs.
Dans les assemblées ivres de leur triomphe et de
leur pouvoir, les minorités étant les trouble-fête sont
les souffre-douleurs. C'est dur de rouler cet inexo-
rable rocher de Sisyphe, le droit; on le monte, il
retombe. C'est là l'effort des minorités.

La beauté du devoir s'impose; une fois qu'on l'a
comprise, on lui obéit, plus d'hésitation ; le sombre
charme du dévouement attire les consciences; et l'on
accepte les épreuves avec une joie sévère. L'approche
de la lumière a cela de terrible qu'elle devient
flamme. Elle éclaire d'abord, réchauffe ensuite, et
dévore enfin. N'importe, on s'y précipite. On s'y
ajoute. On augmente cette clarté du rayonnement de
son propre sacrifice; brûler, c'est briller; quiconque
souffre pour la vérité la démontre.

Huer avant de proscrire, c'est le procédé ordinaire des majorités furieuses ; elle préludent à la persécution matérielle par la persécution morale ; l'imprécation commence ce que l'ostracisme achèvera ; elles parent la victime pour l'immolation avec toute la rhétorique de l'injure ; et elles l'outragent, c'est leur façon de la couronner.

Celui qui parle ici traversa ces diverses façons d'agir, et n'eut qu'un mérite, le dédain. Il fit son devoir, et, ayant pour salaire l'affront, il s'en contenta.

Ce qu'étaient ces affronts, on le verra en lisant ce recueil de vérités insultées.

En veut-on quelques exemples?

Un jour, le 17 juillet 1851, il dénonça à la tribune la conspiration de Louis Bonaparte, et déclara que le président voulait se faire empereur. Une voix lui cria :

— Vous êtes un infâme calomniateur !

Cette voix a depuis prêté serment à l'empire, moyennant trente mille francs par an.

Une autre fois, comme il combattait la féroce loi de déportation, une voix lui jeta cette interruption :

— Et dire que ce discours coûtera vingt-cinq francs à la France !

Cet interrupteur-là aussi a été sénateur de l'empire.

Une autre fois, on ne sait qui, sénateur également plus tard, l'apostrophait ainsi :

LE DROIT ET LA LOI.

— Vous êtes l'adorateur du soleil levant!

Du soleil levant de l'exil, oui.

Le jour où il dit à la tribune ce mot que personne encore n'avait prononcé : *les États - Unis d'Europe,* M. Molé fut remarquable. Il leva les yeux au ciel, se dressa debout, traversa toute la salle, fit signe aux membres de la majorité de le suivre, et sortit. On ne le suivit pas, il rentra. Indigné.

Parfois les huées et les éclats de rire duraient un quart d'heure. L'orateur qui parle ici en profitait pour se recueillir.

Pendant l'insulte, il s'adossait au mur de la tribune et méditait.

Ce même 17 juillet 1851 fut le jour où il prononça le mot : « Napoléon le Petit ». Sur ce mot, la fureur de la majorité fut telle et éclata en de si menaçantes rumeurs, que cela s'entendait du dehors et qu'il y avait foule sur le pont de la Concorde pour écouter ce bruit d'orage.

Ce jour-là, il monta à la tribune, croyant y rester vingt minutes; il y resta trois heures.

Pour avoir entrevu et annoncé le coup d'État, tout le futur sénat du futur empire le déclara « calomniateur ». Il eut contre lui tout le parti de l'ordre et toutes les nuances conservatrices, depuis M. de Falloux, catholique, jusqu'à M. Vieillard, athée.

Être un contre tous, cela est quelquefois laborieux.

Il ripostait dans l'occasion, tâchant de rendre coup pour coup.

Une fois, à propos d'une loi d'éducation cléricale cachant l'asservissement des études sous cette rubrique : *liberté de l'enseignement,* il lui arriva de parler du moyen âge, de l'inquisition, de Savonarole, de Giordano Bruno et de Campanella, appliqué vingt-sept fois à la torture pour ses opinions philosophiques, les hommes de la droite lui crièrent :

— A la question !

Il les regarda fixement, et leur dit :

— Vous voudriez bien m'y mettre.

Cela les fit taire.

Un autre jour, je répliquais à je ne sais quelle attaque d'un Montalembert quelconque, la droite entière s'associa à l'attaque, qui était, cela va sans dire, un mensonge, quel mensonge? je l'ai oublié; on trouvera cela dans ce livre; les cinq cents myopes de la majorité s'ajoutèrent à· leur orateur, lequel n'était pas du reste sans quelque valeur, et avait l'espèce de talent possible à une âme médiocre; on me donna l'assaut à la tribune, et j'y fus quelque temps comme aboyé par toutes les vociférations folles et pardonnables de la colère inconsciente; c'était un vacarme de meute; j'écoutais ce tumulte avec indulgence, attendant que le bruit cessât pour continuer ce que j'avais à dire; subitement, il y eut un mouvement au banc des ministres; c'était le duc de

LE DROIT ET LA LOI.

Montebello, ministre de la marine, qui se levait; le duc quitta sa place, écarta frénétiquement les huissiers, s'avança vers moi et me jeta une phrase qu'il comprenait peut-être et qui avait évidemment la volonté d'être hostile; c'était quelque chose comme: *Vous êtes un empoisonneur public!* Ainsi caractérisé à bout portant et effleuré par cette intention de meurtrissure, je fis un signe de la main, les clameurs s'interrompirent, on est furieux, mais curieux, on se tut, et dans ce silence d'attente, de ma voix la plus polie, je dis:

— Je ne m'attendais pas, je l'avoue, à recevoir le coup de pied de...

Le silence redoubla et j'ajoutai:

— ... Monsieur de Montebello.

Et la tempête s'acheva par un rire qui, cette fois, ne fut pas contre moi.

Ces choses-là ne sont pas toujours au *Moniteur*.

Habituellement la droite avait beaucoup de verve.

— Vous ne parlez pas français! — Portez cela à la Porte-Saint-Martin! — Imposteur! — Corrupteur! — Apostat! — Renégat! — Buveur de sang! — Bête féroce! — Poëte!

Tel était le crescendo.

Injure, ironie, sarcasme, et çà et là la calomnie, S'en fâcher, pourquoi? Washington, traité par la presse hostile, d'*escroc* et de *filou* (pick-pocket), en rit dans ses lettres. Un jour, un célèbre ministre anglais, éclaboussé à la tribune de la même façon, donna une chiquenaude à sa manche, et dit : *Cela se brosse.* Il avait raison. Les haines, les noirceurs, les mensonges ; boue aujourd'hui, poussière demain.

Ne répondons pas à la colère par la colère.

Ne soyons pas sévères pour des cécités.

« Ils ne savent ce qu'ils font, » a dit quelqu'un sur le Calvaire ; « ils ne savent ce qu'ils disent, » n'est pas moins mélancolique ni moins vrai. Le crieur ignore son cri. L'insulteur est-il responsable de l'insulte ? A peine.

Pour être responsable il faut être intelligent.

Les chefs comprenaient jusqu'à un certain point les actions qu'ils commettaient ; les autres, non. La main est responsable, la fronde l'est peu, la pierre ne l'est pas.

Fureurs, injustices, calomnies, soit.

Oublions ces brouhaha.

VIII

Et puis, car il faut tout dire, c'est si bon la bonne foi, dans les collisions d'assemblée rappelées ici, l'orateur n'a-t-il rien eu à se reprocher ? Ne lui est-il jamais arrivé de se laisser conduire par le mouvement de la parole au delà de sa pensée ? Avouons-

LE DROIT ET LA LOI.

le, c'est dans la parole qu'il y a du hasard. On ne sait quel trépied est mêlé à la tribune, ce lieu sonore est un lieu mystérieux, on y sent l'effluve inconnue, le vaste esprit de tout un peuple vous enveloppe et s'infiltre dans votre esprit, la colère des irrités vous gagne, l'injustice des injustes vous pénètre, vous sentez monter en vous la grande indignation sombre, la parole va et vient de la conviction fixe et sereine à la révolte plus ou moins mesurée contre l'incident inattendu; de là des oscillations redoutables. On se laisse entraîner , ce qui est un danger, et emporter, ce qui est un tort. On fait des fautes de tribune. L'orateur qui se confesse ici n'y a point échappé.

En dehors des discours purement de réplique et de combat, tous les discours de tribune qu'on trouvera dans ce livre ont été ce qu'on appelle improvisés. Expliquons-nous sur l'improvisation. L'improvisation, dans les graves questions politiques, implique la préméditation, *provisam rem,* dit Horace. La préméditation fait que, lorsqu'on parle, les mots ne viennent pas malgré eux; la longue incubation de l'idée facilite l'éclosion immédiate de l'expression. L'improvisation n'est pas autre chose que l'ouverture subite et à volonté de ce réservoir, le cerveau; mais il faut que le réservoir soit plein. De la plénitude de la pensée résulte l'abondance de la parole. Au fond, ce que vous improvisez semble

XXXVI — LE DROIT ET LA LOI.

nouveau à l'auditoire, mais est ancien chez vous. Celui-là parle bien qui dépense la méditation d'un jour, d'une semaine, d'un mois, de toute sa vie parfois, en une parole d'une heure. Les mots arrivent aisément, surtout à l'orateur qui est écrivain, qui a l'habitude de leur commander et d'être servi par eux, et qui, lorsqu'il les sonne, les fait venir. L'improvisation, c'est la veine piquée ; l'idée jaillit. Mais cette facilité même est un péril. Toute rapidité est dangereuse. Vous avez chance et vous courez risque de mettre la main sur l'exagération et de la lancer à vos ennemis. Le premier mot venu est quelquefois un projectile. De là l'excellence des discours écrits.

Les assemblées y reviendront peut-être.

Est-ce qu'on peut être orateur avec un discours écrit? On a fait cette question. Elle est étrange. Tous les discours de Démosthène et de Cicéron sont des discours écrits. *Ce discours sent l'huile,* disait le zoïle quelconque de Démosthène. Royer-Collard, ce pédant charmant, ce grand esprit étroit, était un orateur ; il n'a prononcé que des discours écrits ; il arrivait, et posait son cahier sur la tribune. Les trois quarts des harangues de Mirabeau sont des harangues écrites, qui parfois même, et nous le blâmons de ceci, ne sont pas de Mirabeau ; il débitait à la tribune, comme de lui, tel discours qui était de Talleyrand, tel discours qui était de Malouet, tel discours qui était de je ne sais plus quel Suisse dont le

nom nous échappe. Danton écrivait souvent ses discours; on en a retrouvé des pages, toutes de sa
main, dans son logis de la cour du Commerce. Quant
à Robespierre, sur dix harangues, neuf sont écrites.
Dans les nuits qui précédaient son apparition à la
tribune, il écrivait ce qu'il devait dire, lentement,
correctement, sur sa petite table de sapin, avec un
Racine ouvert sous les yeux.

L'improvisation a un avantage, elle saisit l'auditoire; elle saisit aussi l'orateur; c'est là son incon-
vénient. Elle le pousse à ces excès de polémique
oratoire qui sont comme le pugilat de la tribune.
Celui qui parle ici, réserve faite de la méditation
préalable, n'a prononcé dans les assemblées que des
discours improvisés. De là des violences de parole;
de là des fautes. Il s'en accuse.

IX

Ces hommes des anciennes majorités ont fait tout
le mal qu'ils ont pu. Voulaient-ils faire le mal? Non;
ils trompaient, mais ils se trompaient; c'est là leur
circonstance atténuante. Ils croyaient avoir la vérité,
et ils mentaient au service de la vérité; leur pitié
pour la société était impitoyable pour le peuple. De
là tant de lois et tant d'actes aveuglément féroces.
Ces hommes, plutôt cohue que sénat, assez innocents

XXVIII   LE DROIT ET LA LOI.

au fond, criaient pêle-mêle sur leurs bancs, ayant
des ressorts qui les faisaient mouvoir, huant ou
applaudissant selon le fil tiré, proscrivant au besoin,
pantins pouvant mordre. Ils avaient pour chefs les
meilleurs d'entre eux, c'est-à-dire les pires. Celui-ci,
ancien libéral rallié aux servitudes, demandait qu'il
n'y eût plus qu'un seul journal, *le Moniteur,* ce qui faisait dire à son voisin l'évêque Parisis : *Et encore!*
Cet autre, pesamment léger, académicien de l'espèce
qui parle bien et écrit mal; cet autre, habit noir, cra-
vate blanche, cordon rouge, gros souliers, président,
procureur, tout ce qu'on veut, qui eût pu être Cicéron
s'il n'avait été Guy-Patin, jadis avocat spirituel, le
dernier des lâches; cet autre, homme de simarre et
grand juge de l'empire à trente ans, remarquable
maintenant par son chapeau gris et son pantalon de
nankin, sénile dans sa jeunesse, juvénile dans sa
vieillesse, ayant commencé comme Lamoignon et
finissant comme Brummel; cet autre, ancien héros
déformé, interrupteur injurieux, vaillant soldat devenu
clérical trembleur, général devant Abd-el-Kader,
caporal derrière Nonotte et Patouillet, se donnant,
lui si brave, la peine d'être bravache, et ridicule
par où il eût dû être admiré, ayant réussi à faire de
sa très-réelle renommée militaire un épouvantail
postiche, lion qui coupe sa crinière et s'en fait une
perruque; cet autre, faux orateur, ne sachant que
lapider avec des grossièretés, et n'ayant de ce qui

était dans la bouche de Démosthène que les cailloux ; celui-ci, déjà nommé, d'où était sorti l'odieuse parole *Expédition de Rome à l'intérieur,* vanité du premier ordre, parlant du nez par élégance, jargonnant, le lorgnon à l'œil, une petite éloquence impertinente, homme de bonne compagnie un peu poissard, mêlant la halle à l'hôtel de Rambouillet, jésuite long-temps échappé dans la démagogie, abhorrant le czar en Pologne et voulant le knout à Paris, poussant le peuple à l'église et à l'abattoir, berger de l'espèce bourreau ; cet autre, insulteur aussi, et non moins zélé serviteur de Rome, intrigant du bon Dieu, chef paisible des choses souterraines, figure sinistre et douce avec le sourire de la rage ; cet autre... — Mais je m'arrête. A quoi bon ce dénombrement ? *Et cætera,* dit l'histoire. Tous ces masques sont déjà des inconnus. Laissons tranquille l'oubli reprenant ce qui est à lui. Laissons la nuit tomber sur les hommes de nuit. Le vent du soir emporte de l'ombre ; laissons-le faire. En quoi cela nous regarde-t-il, un effacement de silhouettes à l'horizon ?

Passons.

Oui, soyons indulgents. S'il y a eu pour plusieurs d'entre nous quelque labeur et quelque épreuve, une tempête plus ou moins longue, quelques jets d'écume sur l'écueil, un peu de ruine, un peu d'exil, qu'importe si la fin est bonne pour toi, France, pour toi, peuple ! qu'importe l'augmentation de souf-

LE DROIT ET LA LOI.

france de quelques-uns s'il y a diminution de souf-
france pour tous! La proscription est dure, la calomnie est noire, la vie loin de la patrie est une insomnie
lugubre, mais qu'importe si l'humanité grandit et se
délivre! qu'importe nos douleurs si les questions avan-
cent, si les problèmes se simplifient, si les solutions
mûrissent, si à travers la claire-voie des impostures
et des illusions on aperçoit de plus en plus distincte-
ment la vérité! qu'importe dix-neuf ans de froide
bise à l'étranger, qu'importe l'absence mal reçue au
retour, si, devant l'ennemi, Paris charmant devient
Paris sublime, si la majesté de la grande nation
s'accroît par le malheur, si la France mutilée laisse
couler par ses plaies de la vie pour le monde entier!
qu'importe si les ongles repoussent à cette mutilée,
et si l'heure de la restitution arrive! qu'importe si,
dans un prochain avenir, déjà distinct et visible,
chaque nationalité reprend sa figure naturelle, la
Russie jusqu'à l'Inde, l'Allemagne jusqu'au Danube,
l'Italie jusqu'aux Alpes, la France jusqu'au Rhin,
l'Espagne ayant Gibraltar, et Cuba ayant Cuba; rec-
tifications nécessaires à l'immense amitié future des
nations! c'est tout cela que nous avons voulu; nous
l'aurons.

Il y a des saisons sociales, il y a pour la civilisation des traversées climatériques; qu'importe notre
fatigue dans l'ouragan; et qu'est-ce que cela fait
que nous ayons été malheureux si c'est pour le bien,

si décidément le genre humain passe de son décembre à son avril, si l'hiver des despotismes et des guerres est fini, s'il ne nous neige plus de superstitions et de préjugés sur la tête, et si, après toutes les nuées évanouies, féodalités, monarchies, empires, tyrannies, batailles et carnages, nous voyons enfin poindre à l'horizon rose cet éblouissant floréal des peuples, la paix universelle !

X

Dans tout ce que nous disons ici, nous n'avons qu'une prétention, affirmer l'avenir dans la mesure du possible.

Prévoir ressemble quelquefois à errer; le vrai trop lointain fait sourire.

Dire qu'un œuf a des ailes, cela semble absurde et cela est pourtant véritable.

L'effort du penseur c'est de méditer utilement.

Il y a la méditation perdue qui est rêverie, et la méditation féconde qui est incubation. Le vrai penseur couve.

C'est de cette incubation que sortent, à des heures voulues, les diverses formes du progrès destinées à s'envoler dans le grand possible humain, dans la réalité, dans la vie.

Arrivera-t-on à l'extrémité du progrès?

Non.

Il ne faut pas rendre la mort inutile. L'homme ne sera complet qu'après la vie.

Approcher toujours, n'arriver jamais; telle est la loi. La civilisation est une asymptote.

Toutes les formes du progrès sont la Révolution.

La Révolution, c'est là ce que nous faisons, c'est là ce que nous pensons, c'est là ce que nous parlons, c'est là ce que nous avons dans la bouche, dans la poitrine, dans l'âme.

La Révolution, c'est la respiration nouvelle de l'humanité.

La Révolution, c'est hier, c'est aujourd'hui et c'est demain.

De là, disons-le, la nécessité et l'impossibilité d'en faire l'histoire.

Pourquoi ?

Parce qu'il est indispensable de raconter hier et parce qu'il est impossible de raconter demain.

On ne peut que le déduire et le préparer. C'est ce que nous tâchons de faire.

Insistons, cela n'est jamais inutile, sur cette immensité de la Révolution.

XI

La Révolution tente tous les puissants esprits, et c'est à qui s'en approchera, les uns, comme Lamartine, pour la peindre, les autres, comme Michelet, pour l'expliquer, les autres, comme Quinet, pour la juger, les autres, comme Louis Blanc, pour la féconder.

Aucun fait humain n'a eu de plus magnifiques narrateurs, et pourtant cette histoire sera toujours offerte aux historiens comme à faire.

Pourquoi? Parce que toutes les histoires sont l'histoire du passé, et que, répétons-le, l'histoire de la Révolution est l'histoire de l'avenir. La Révolution a conquis en avant; elle a découvert et annoncé le grand Chanaan de l'humanité; il y a dans ce qu'elle nous a apporté encore plus de terre promise que de terrain gagné; et à mesure qu'une de ces conquêtes faites d'avance entrera dans le domaine humain, à mesure qu'une de ces promesses se réalisera, un nouvel aspect de la Révolution se révélera, et son histoire sera renouvelée. Les histoires actuelles n'en seront pas moins définitives, chacune à son point de vue; les historiens contemporains domineront même l'historien futur, comme Moïse domine Cuvier; mais leurs travaux se mettront en perspective et feront

LE DROIT ET LA LOI.

partie de l'ensemble complet. Quand cet ensemble sera-t-il complet? Quand le phénomène sera terminé ; c'est-à-dire quand la révolution de France sera devenue, comme nous l'avons indiqué dans les premières pages de cet écrit, d'abord révolution d'Europe, puis révolution de l'homme; quand l'utopie se sera consolidée en progrès, quand l'ébauche aura abouti au chef-d'œuvre ; quand à la coalition fratricide des rois aura succédé la fédération fraternelle des peuples, et à la guerre contre tous, la paix pour tous. Impossible, à moins d'y ajouter le rêve, de compléter dès aujourd'hui ce qui ne se complétera que demain, et d'achever l'histoire d'un fait inachevé, surtout quand ce fait contient une telle végétation d'événements futurs. Entre l'histoire et l'historien la disproportion est trop grande.

Rien de plus colossal. Le total échappe. Regardez ce qui est déjà derrière nous. La Terreur est un cratère, la Convention est un sommet. Tout l'avenir est en fermentation dans ces profondeurs. Le peintre est effaré par l'inattendu des escarpements; les lignes trop vastes dépassent l'horizon. Le regard humain a des limites, le procédé divin n'en a pas. Dans ce tableau à faire vous vous borneriez à un seul personnage, prenez qui vous voudrez, que vous y sentiriez l'infini. D'autres horizons sont moins démesurés. Ainsi, par exemple, à un moment donné de l'histoire, il y a d'un côté Tibère et de l'autre

LE DROIT ET LA LOI.

Jésus ; mais le jour où Tibère et Jésus font leur jonction dans un homme et s'amalgament dans un être formidable ensanglantant la terre et sauvant le monde, l'historien romain lui-même aurait un frisson, et Robespierre déconcerterait Tacite. Par moments on craint de finir par être forcé d'admettre une sorte de loi morale mixte qui semble se dégager de tout cet inconnu. Aucune des dimensions du phénomène ne s'ajuste à la nôtre. La hauteur est inouïe et se dérobe à l'observation. Si grand que soit l'historien, cette énormité le déborde. La Révolution française racontée par un homme, c'est un volcan expliqué par une fourmi.

XII

Que conclure ? une seule chose. En présence de cet ouragan énorme, pas encore fini, entr'aidons-nous les uns les autres.

Nous ne sommes pas assez hors de danger pour ne point nous tendre la main.

O mes frères, réconcilions-nous.

Prenons la route immense de l'apaisement. On s'est assez haï. Trêve. Oui, tendons-nous tous la main. Que les grands aient pitié des petits, et que les petits fassent grâce aux grands. Quand donc comprendra-t-on que nous sommes sur le même

navire, et que le naufrage est indivisible? cette mer
qui nous menace est assez grande pour tous; il y a
de l'abîme pour vous comme pour moi. Je l'ai dit
déjà ailleurs, et je le répète. Sauver les autres, c'est
se sauver soi-même. La solidarité est terrible, mais
la fraternité est douce : l'une engendre l'autre. O mes
frères, soyons frères !

Voulons-nous terminer notre malheur? renonçons
à notre colère. Réconcilions-nous. Vous verrez comme
ce sourire sera beau.

Envoyons aux exils lointains la flotte lumineuse
du retour; restituons les maris aux femmes, les travailleurs aux ateliers, les familles aux foyers; resti-
tuons-nous à nous-mêmes ceux qui ont été nos ennemis. Est-ce qu'il n'est pas enfin temps de s'aimer?
Voulez-vous qu'on ne recommence pas? finissez.
Finir, c'est absoudre. En sévissant, on perpétue. Qui
tue son ennemi fait vivre la haine. Il n'y a qu'une
façon d'achever les vaincus, leur pardonner. Les
guerres civiles s'ouvrent par toutes les portes et se
ferment par une seule, la clémence. La plus efficace
des répressions, c'est l'amnistie. O femmes qui pleu-
rez, je voudrais vous rendre vos enfants.

Ah! je songe aux exilés. J'ai par moments le
cœur serré. Je songe au mal du pays. J'en ai eu ma
part peut-être. Sait-on de quelle nuit tombante se
compose la nostalgie? Je me figure la sombre âme
d'un pauvre enfant de vingt ans qui sait à peine ce

LE DROIT ET LA LOI.

que la société lui veut, qui subit pour on ne sait quoi, pour un article de journal, pour une page fiévreuse écrite dans la folie, ce supplice démesuré, l'exil éternel, et qui, après une journée de bagne, le crépuscule venu, s'assied sur la falaise sévère, accablé sous l'énormité de la guerre civile et sous la sérénité des étoiles! Chose horrible, le soir et l'Océan à cinq mille lieues de sa mère!

Ah! pardonnons!

Ce cri de nos âmes n'est pas seulement tendre, il est raisonnable. La douceur n'est pas seulement la douceur, elle est l'habileté. Pourquoi condamner l'avenir au grossissement des vengeances gonflées de pleurs, et à la sinistre répercussion des rancunes? Allez dans les bois, écoutez les échos et songez aux représailles; cette voix obscure et lointaine qui vous répond, c'est votre haine qui revient contre vous. Prenez garde, l'avenir est bon débiteur, et votre colère, il vous la rendra. Regardez les berceaux; ne leur noircissez pas la vie qui les attend. Si nous n'avons pas pitié des enfants des autres, ayons pitié de nos enfants. Apaisement! apaisement! Hélas! nous écoutera-t-on?

N'importe, persistons, nous qui voulons qu'on promette et non qu'on menace, nous qui voulons qu'on guérisse et non qu'on mutile, nous qui voulons qu'on vive et non qu'on meure. Les grandes lois d'en haut sont avec nous. Il y a un profond paral-

LE DROIT ET LA LOI.

lélisme entre la lumière qui nous vient du soleil et la clémence qui nous vient de Dieu. Il y aura une heure de pleine fraternité, comme il y a une heure de plein midi. Ne perds pas courage, ô pitié! Quant à moi, je ne me lasserai pas, et ce que j'ai écrit dans tous mes livres, ce que j'ai attesté par tous mes actes, ce que j'ai dit à tous les auditoires, à la tribune des pairs comme dans le cimetière des proscrits, à l'Assemblée nationale de France comme à la fenêtre lapidée de la place des Barricades de Bruxelles, je l'attesterai, je l'écrirai et je le dirai sans cesse : il faut s'aimer, s'aimer, s'aimer! Les heureux doivent avoir pour malheur les malheureux; l'égoïsme social est un commencement de sépulcre; voulons-nous vivre, mêlons nos cœurs, et soyons l'immense genre humain. Marchons en avant, remorquons en arrière. La prospérité matérielle n'est pas la félicité morale, l'étourdissement n'est pas la guérison, l'oubli n'est pas le payement. Aidons, protégeons, secourons, avouons la faute publique et réparons-la. Tout ce qui souffre accuse, tout ce qui pleure dans l'individu saigne dans la société, personne n'est tout seul, toutes les fibres vivantes tressaillent ensemble et se confondent, les petits doivent être sacrés aux grands, et c'est du droit de tous les faibles que se compose le devoir de tous les forts. J'ai dit.

Paris, Juin 1875.

Paris. — J. CLAYE, imprimeur, 7, rue Saint-Benoît. [1663]

www.ingramcontent.com/pod-product-compliance
Lightning Source LLC
LaVergne TN
LVHW021705080426
835510LV00011B/1603